Willie Nelson

Cover photo: Clayton Call / Contributers / Getty Images

ISBN 978-1-4950-2879-3

HAL•LEONARD®
CORPORATION
7777 W. BLUEMOUND RD. P.O. BOX 13819 MILWAUKEE, WI 53213

Visit Hal Leonard Online at
www.halleonard.com

Guitar Chord Songbook

Contents

Always on My Mind

Words and Music by Wayne Thompson,
Mark James and Johnny Christopher

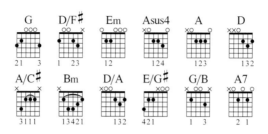

Intro

|G   D/F# |Em   Asus4   A ‖

Verse 1

D   A/C#
Maybe I didn't love you

Bm   D/A   G   A
Quite as often as I could have.

D   A/C#
And maybe I didn't treat you,

Bm   D/A   E/G#
Quite as good as I could have;

G   D/F#
If I made you feel   second best,

G   D/F#   Em   D   G/B
Girl, I'm sorry I was blind.

A   D
You were always on my mind;

G   A7   D   G   A
You were always on my mind.

Verse 2

```
D                 A/C#
And maybe I didn't hold you,
Bm      D/A       G    A
All those lonely, lonely times;
D                 A/C#
And I guess I never told you
Bm      D/A           E/G#
I'm so happy that you're mine.
G                     D
Little things I should have said and done,
G      D/F#           Em   D  G/B
I just never took the time.
A                     D
You were always on my mind;
G        A7          D    G  A
You were always on my mind.
```

Bridge

```
D   A/C# Bm  D/A
Tell ____ me,
G               D/F#          Em    Asus4  A
Tell me that your sweet love hasn't died.
D   A/C# Bm  D/A
Give ____ me,
        G               D/F#        Em    A        D
Give me one more chance to keep you satis - fied, ____ satis - fied.
```

Guitar Solo/
Verse 3

```
|D        |A/C#      |Bm   D/A  |G      A  |
|D        |A/C#      |Bm   D/A  |E/G#      |
G                     D
Little things I should have said and done,
G      D/F#           Em   D  G/B
I just never took the time.
A                     D
You were always on my mind;
G        A          D
You were always on my mind.
A                     D
You were always on my mind;
G        A          D
You were always on my mind.
```

Angel Flying Too Close to the Ground

Words and Music by
Willie Nelson

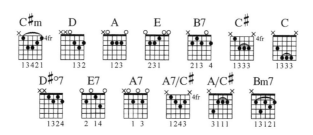

Verse 1

N.C.   C#m D   A
If you had not've fall - en,   then I would not have found you,

D   E   A   E
Angel flying too close to the ground.

A   C#m D   A
And I patched up your broken wing   and hung around a while,

B7   E
Trying to keep your spirits up   and your fever down.

A   C#m   D C# C
I knew someday ____ that you would fly away,

B7   E
For love's the greatest healer to be found.

Chorus 1

A   C#m   D   D#°7
So leave me if you need ____ to,   I will still remember

A   E7   A   E
Angel flying too close to the ground.

Guitar Solo	|A	|C#m	|D	|A	|
	|D	|E	|A	|E	|
	|A	|C#m	|D	|A	|
	|B7	|	|E	|	|

Verse 2

A   C#m   D   C# C
Fly on, fly ___ on past the speed of sound

B7   E
I'd rather see you up than see you down.

Chorus 2

A   C#m
So leave me if you need to,

D   D#°7
I will still remember

A   E7   A D A E
Angel flying too close to the ground.

A   A7   A7/C#
Leave me if you need ___ to,

D   D#°7
I will still remember

A   E7   D A/C# Bm7 A
Angel flying too close to the ground.

Beer for My Horses

Words and Music by
Toby Keith and Scott Emerick

Melody:

Well, a man___ come on ___

Tune up 1/2 step:
(low to high) F-Bb-Eb-Ab-C-F

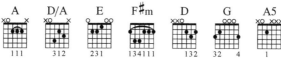

Intro

| A | | | | |

| | | D/A A | D/A A | E A | |

Verse 1

           A D/A   A D/A   A
Toby: Well, a man ____ come on   six o'clock news,

                   D/A   A   E   A
Said somebody's been ____ shot,   some - body's been a - bused,

                D/A   A   D/A   A
Somebody blew up a building, somebody   stole a car,

             D/A A   E   A
Somebody got away, somebody didn't get too far.

     F#m   E   A
Yeah,   they didn't get too far.

Verse 2

            A   D/A   A   D/A   A
Willie: Grand - pappy told my pap - py, "Back in my day, son,

           D/A   A   E   A
A man had to an - swer for the wicked that he done."

           D/A   A   D/A   A
Take all the rope in Tex - as, find a tall oak tree,

           D/A   A
Round up all of them bad boys.

           E   A F#m   E   A
Hang them high in the street   for all the people to see.

Chorus 1

                E   **D**   **A**
Toby: That justice is the one thing you should always find.

           D   **A**   **E**   **A**
You got to saddle up your boys, you got to draw ___ a hard line.

                    E   **D**   **A**
Willie: When the gunsmoke settles we'll sing a victory tune.

                              E   **A**
And we'll all meet back at the local sa - loon.

                              D   **A**
Both: We'll raise up our glasses against ___ evil forces singing,

G   **D**   **A**
  "Whiskey for my men, ___ beer for my hors - es."

Verse 3

                    A   **D/A**   **A** **D/A** **A**
Toby: We got too ___ man - y gangsters doing   dirty deeds.

            D/A   **A**   **E**   **A**
Willie: Too much corrup - tion and crime ___ in the streets.

                        D/A   **A**
Toby: It's time the long arm of the law

  D/A   **A**
Put a few more in the ground.

                    D/A   **A**   **E**   **A**
Willie: Send them all to their mak - er and he'll settle 'em down.

  F#m   **E**   **A**
Toby: You can bet he'll settle 'em down.

Chorus 2

              E   D   A
Toby: 'Cause justice is the one thing you should always find.

          D   A   E   A
You got to saddle up your boys, you got to draw a hard line.

              E   D   A
Willie: When the gunsmoke settles we'll sing a victory tune.

                           E   A
And we'll all meet back at the local sa - loon.

                                       D   A
Both: And we'll raise up our glasses against ___ evil forces singing,

G   D   A
   "Whiskey for my men, ___ beer for my hors - es.

G   D
Whiskey for my men, ___ beer for my

Guitar Solo

| A | | D   A | | E   A | |
  Horses."

| | | D   A | | E   A | |

Chorus 3

              E   D   A
Toby: You know justice is the one thing you should always find.

          D   A   E   A
You got to saddle up your boys, you got to draw a hard line.

              E   D   A
Willie: When the gunsmoke settles we'll sing a victory tune.

                           E   A
And we'll all meet back at the local sa - loon.

                                  D   A
Both: We'll raise up our glasses against ___ evil forces singing,

G   D   A
   "Whiskey for my men, ___ beer for my hors - es."

          G   D
Singin', "Whiskey for my men,

               A   D/A A D/A A   D/A A N.C.   A5
Beer for my   hors - es."

City of New Orleans

Words and Music by
Steve Goodman

Melody:

Rid - in' on __ the Cit - y of __ New Or - leans,

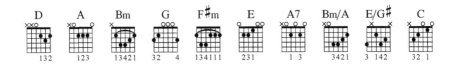

D	A	Bm	G	F#m	E	A7	Bm/A	E/G#	C
132	123	13421	32 4	134111	231	1 3	3421	3 142	32 1

Intro | D | | | |

Verse 1

D   A   D
Ridin' on the City of New Or - leans,

Bm   G   D
Illinois Central,   Monday morning rail.

A   D
Fifteen cars and fif - teen restless rid - ers,

Bm   A   D
Three ___ conductors and twenty-five sacks of mail.

Pre-Chorus 1

Bm   F#m
All a - long the southbound odyssey, the train ___ pulls out at Kankakee

A   E
And rolls along past houses, farms and ___ fields.

Bm
Passing trains that have no name

F#m
And freight ___ yards full of old black men,

A   A7   D
And the grave - yards of the rusted automobiles.

Chorus 1

    G   A   D
Good morning A - merica, how are ___ ya?

    Bm   G   D
Say, don't you know me? I'm your native son.

A   D   A   Bm   Bm/A E7/G♯
I'm the train they call the City of New Or - leans.

           C   G   A   D
And I'll be gone five hundred miles ___ when the day is done.

Verse 2

       D   A   D
Dealin' cards with the old ___ man in the club ___ car,

Bm   G   D
Penny a point, ain't no one keepin' score.

         A   D
Pass the paper bag ___ that holds the bot - tle.

    Bm   A   D
Feel ___ the wheels rumblin' 'neath the floor.

Pre-Chorus 2

        Bm   F♯m
And the sons ___ of Pullman porters, and the sons ___ of engineers

      A   E
Ride their father's magic carpet made of steel.

Bm   F♯m
Mothers with their babes asleep rockin' to the gentle beat

      A   A7   D
And the rhy - thm of the rails ___ is all they feel.

Chorus 2   *Repeat Chorus 1*

Guitar Solo   *Repeat Chorus 1 (Instrumental)*

Verse 3

D   **A**   **D**
Night time on the city of New Or - leans,

Bm   **G**   **D**
Changin' cars in Memphis, Tennessee.

          A   **D**
Halfway home, we'll be there by mornin',

          Bm   **A**   **D**
Through the Mississippi darkness rollin' down to the sea.

Pre-Chorus 3

Bm   **F#m**
But all the towns and people seem to fade ____ into a bad dream,

          A   **E**
And the steel rails still ain't heard the news.

          Bm
The con - ductor sings his songs again,

          F#m
The pass - engers will please refrain,

          A   **A7**   **D**
This train ____ has got the disap - pearin' railroad blues.

Chorus 3   *Repeat Chorus 1*

Outro-Guitar Solo   *Repeat Verse 1 (Instrumental) and fade*

Bloody Mary Morning

Words and Music by
Willie Nelson

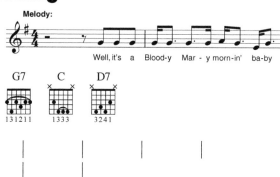

Well, it's a Blood-y Mar - y morn-in' ba-by

G7   C   D7

131211   1333   3241

Intro |G7 | | | |

          | | | |

Chorus 1

            C
Well, it's a Bloody Mary mornin'

                        D7
Baby left me without warnin' sometime in the night.

So I'm flyin' down to Houston

                    G
With forgettin' her the nature of my flight.

Verse 1

          G
As we taxi toward the runway,

                  D7
With the smog and haze remindin' me of how I feel,

Just a country boy who's learnin'

                     G
That the pitfalls of the city are extremely ____ real.

All the nightlife and the parties

               D7
Temptations and deceit the order of the day.

Well, it's a Bloody Mary mornin'

                  G
'Cause I'm leavin' baby somewhere in L.A..

Chorus 2   *Repeat Chorus 1*

Instrumental   ‖: G | | | :‖   *Play 3 times*
                    | | |

                    G

Verse 2   Well, our golden jet is airborne

                                   D7

And Flight Fifty cuts a path across the mornin' sky

And a voice comes thru the speaker,

                          G

Reassurin' us Flight Fifty is the way to fly.

And a hostess takes our order,

                                 D7

Coffee, tea, or something stronger to start off the day.

Well, it's a Bloody Mary mornin'

                            G

'Cause I'm leavin' baby somewhere in L.A..

         G7   C

Chorus 3   Well, it's a Bloody Mary mornin'

                            D7

Baby left me without warnin' sometime in the night.

So I'm flyin' down to Houston

                         G

With forgettin' her the nature of my flight.

        D7

Yeah, I'm flyin' down to Houston

                         G

With forgettin' her the nature of my flight.

Outro   ‖: G | | | :‖   *Repeat and fade*

Blue Eyes Crying in the Rain

Words and Music by
Fred Rose

In _____ the twi - light glow

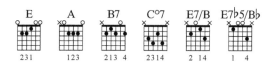

Intro

| E | | |

Verse 1

E   A E
In the twilight glow I see her,

B7   E
Blue eyes crying in the rain,

                A E
As we kissed goodbye and parted,

 B7   E
I knew we'd never meet a - gain.

Chorus 1

A
Love is like a dying ember,

E   B7
Only memories re - main;

E   A E
Thro' the ages I'll re - member,

B7   E A E
Blue eyes crying in the rain.

Guitar Solo	E						
	B7		E				
	E						
	B7		E	C°7	E7/B	E7♭5/B♭	

Chorus 2

A
Someday when we meet up yonder,

E   B7
We'll stroll hand in hand a - gain,

E   A E
In a land that knows no parting,

B7   E   A E
Blue eyes crying in the rain.

Blue Skies

Words and Music by
Irving Berlin

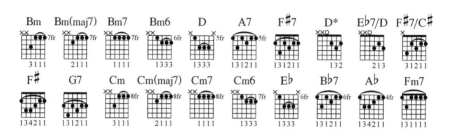

Intro

‖: **Bm**   **Bm(maj7)** |**Bm7**   **Bm6**   :‖

Chorus 1

Bm   **Bm(maj7)**   **Bm7**
Blue skies   smiling at me.

Bm6   **D**   **A7**   **D** **F♯7**
  Nothing but blue ____ skies   do I see.

Bm   **Bm(maj7)**   **Bm7**
Bluebirds   singing a song.

Bm6   **D**   **A7**   **D**
  Nothing but blue ____ skies   from now on.

Bridge

    D*   **E♭7/D** **D***
  I never saw the sun shining so bright.

E♭7/D   **D*** **E♭7/D** **D***
Never saw things ____ going so right.

        E♭7/D **D***
Noticing the days hurrying by,

E♭7/D   **D***   **E♭7/D**   **D*** **F♯7/C♯**
When you're in love, ____ my, ____ how they fly by.

Chorus 2	**Bm Bm(maj7) Bm7** Blue days, all of them gone. **Bm6 D A7 D F#7** Nothing but blue ___ skies from now on.
Guitar Solo	*Repeat Chorus 1, Bridge & Chorus 2 (Instrumental)*
Chorus 3	**Bm Bm(maj7) Bm7** Blue skies smiling at me. **Bm6 D A7 D F#7** Nothing but blue ___ skies do I see. **Bm Bm(maj7) Bm7** Blue days, all of them gone. **Bm6 D A7 D F# G7** Nothing but blue skies from now on.
Chorus 4	**Cm Cm(maj7) Cm7** Blue skies ___ smiling ___ at me. **Cm6 Eb Bb7 Eb G7** Nothing ___ but blue skies ___ do I ___ see. **Cm Cm(maj7) Cm7** Blue days, all ___ of them gone. **Cm6 Eb Bb7 Eb G7** Nothing but blue ___ skies ___ from now ___ on.
Chorus 5	**Cm Cm(maj7) Cm7** Blue skies smiling at me. **Cm6 Eb Bb7 Eb G7** Nothing but blue ___ skies ___ do I see. **Cm Cm(maj7) Cm7 Cm6** Blue days, all of them gone. ** Eb Bb7 Ab Fm7 Eb** Nothing but blue skies from now on.

Bring Me Sunshine

Words by Sylvia Dee
Music by Arthur Kent

Bring me sun - shine —

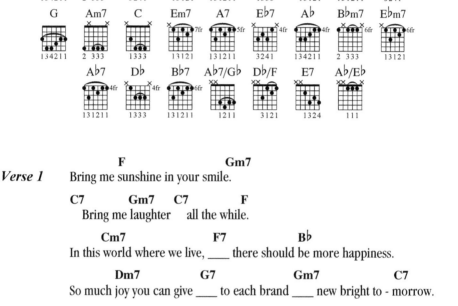

Verse 1

        F   Gm7
Bring me sunshine in your smile.

C7   Gm7   C7   F
Bring me laughter   all the while.

    Cm7   F7   Bb
In this world where we live, ___ there should be more happiness.

     Dm7   G7   Gm7   C7
So much joy you can give ___ to each brand ___ new bright to - morrow.

         F   Gm7
Make me happy through the years.

C7   Gm7   C7   F
Never bring ___ me ___ any tears.

        Cm7   F7   Bb   G7
Let your arms ___ be as warm ___ as the sun from up above.

        C7 Gm7   C7   F
Bring me fun, bring me sun - shine, bring me ___ love.

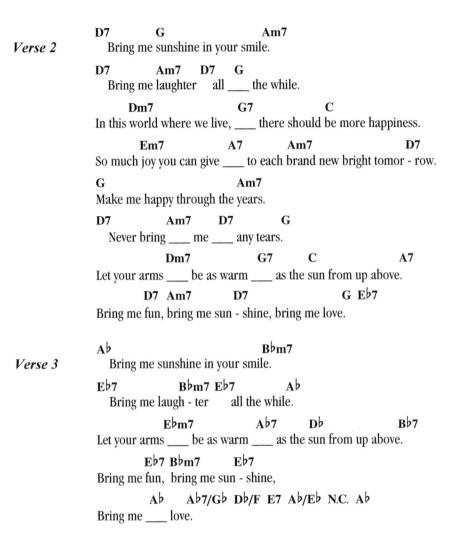

Verse 2

    D7   **G**   **Am7**
    Bring me sunshine in your smile.

    D7   **Am7**   **D7**   **G**
    Bring me laughter   all ___ the while.

       Dm7   **G7**   **C**
    In this world where we live, ___ there should be more happiness.

        Em7   **A7**   **Am7**   **D7**
    So much joy you can give ___ to each brand new bright tomor - row.

    G   **Am7**
    Make me happy through the years.

    D7   **Am7**   **D7**   **G**
    Never bring ___ me ___ any tears.

        Dm7   **G7**   **C**   **A7**
    Let your arms ___ be as warm ___ as the sun from up above.

        D7 Am7   **D7**   **G E♭7**
    Bring me fun, bring me sun - shine, bring me love.

Verse 3

    A♭   **B♭m7**
    Bring me sunshine in your smile.

    E♭7   **B♭m7 E♭7**   **A♭**
    Bring me laugh - ter   all the while.

        E♭m7   **A♭7**   **D♭**   **B♭7**
    Let your arms ___ be as warm ___ as the sun from up above.

        E♭7 B♭m7   **E♭7**
    Bring me fun, bring me sun - shine,

        A♭   **A♭7/G♭ D♭/F E7 A♭/E♭ N.C. A♭**
    Bring me ___ love.

Crazy

Words and Music by
Willie Nelson

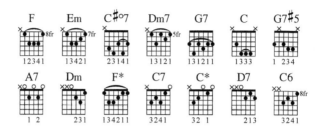

Intro | F Em | F C#°7 | Dm7 G7 | C G7#5 |

Verse 1
      C   A7   Dm
      Crazy,   crazy for feelin' so lonely.

        G7   C C#°7 Dm7 G7
I'm ___ crazy, crazy for feelin' so blue.

      C   A7   Dm
      I knew you'd love me as long as you wanted,

            G7   C F* C C7
And then ___ someday you'd leave me for somebody new.

Bridge 1
      F*   C*
      Worry? Why do I let myself worry?

      D7   G7 Dm7 G7 G7#5
      Wonderin' what in the world did I do?

Verse 2

    C   A7   Dm
    Crazy for thinkin' that my love could hold you.

      F   Em   F   C$\sharp$°7
I'm crazy for tryin',   crazy for cryin'

      Dm7   G7   C
And I'm crazy for lovin' you.

Interlude |F   Em |F   C$\sharp$°7 |Dm7 G7 |C |

Verse 3   *Repeat Verse 1*

Bridge 2   *Repeat Bridge 1*

Verse 4

    C   A7   Dm
    Crazy for thinkin' that my love could hold you.

      F   Em   F   C$\sharp$°7
I'm crazy for tryin',   crazy for cryin'

      Dm7   G7   C   C6
And I'm crazy for lovin' you.

Family Bible

Words and Music by Walt Breeland,
Claude Gray and Paul Buskirk

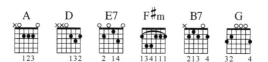

Intro | A   D | A   E7 | A | |

Verse 1
　　　　　　　　　A　　　**D**　　　**A**
There's a fam - 'ly Bi - ble on the table,

　　F#m　　　**B7**　　　　**E7**
It's pages worn ___ and hard to read.

　　　　　A　　**D**　　　**A**
But the fam'ly Bi - ble on the table

　　　　D　　　**A**　**E7**　　**A**
Will ever be my key to ___ memo - ries.

Verse 2
　　　　　A　　**D**　　　　　**A**
At the end of day when work was over,

　　F#m　　**B7**　　　　**E7**
And when the evenin' meal was done,

　　　　　　A　　**D**　　　　**A**
Dad would read to us from the fam'ly Bible,

　　　　　D　　　　**A**　**E7**　**A**
And we'd count our many blessings one by one.

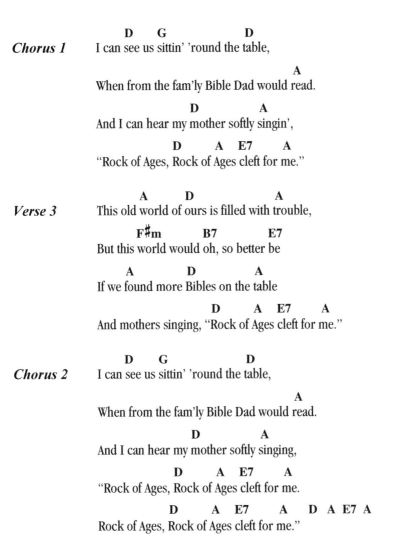

Chorus 1

    D   **G**   **D**
I can see us sittin' 'round the table,

                       A
When from the fam'ly Bible Dad would read.

          D   **A**
And I can hear my mother softly singin',

         D   **A** **E7**   **A**
"Rock of Ages, Rock of Ages cleft for me."

Verse 3

       A   **D**   **A**
This old world of ours is filled with trouble,

    F♯m   **B7**   **E7**
But this world would oh, so better be

    A   **D**   **A**
If we found more Bibles on the table

             D   **A** **E7**   **A**
And mothers singing, "Rock of Ages cleft for me."

Chorus 2

    D   **G**   **D**
I can see us sittin' 'round the table,

                       A
When from the fam'ly Bible Dad would read.

          D   **A**
And I can hear my mother softly singing,

         D   **A** **E7**   **A**
"Rock of Ages, Rock of Ages cleft for me.

         D   **A** **E7**   **A**   **D A E7 A**
Rock of Ages, Rock of Ages cleft for me."

Forgiving You Was Easy

Words and Music by
Willie Nelson

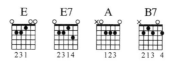

Intro

E				E7	
A			B7		
			E		

Verse 1

      E   E7   A
For - giving you is easy but forgetting seems to take the longest time.

           B7   E
I just keep thinkin' and your memory is forever on my mind.

You know I'll always love you,

                                 E7   A
And I can't forget the days ___ when you were mine.

           B7   E
For - giving you is easy, but forgetting seems to take the longest time.

Verse 2
     E   A
     The bitter fruit of anger growin' from the seeds of jealousy;

       B7   E
     Oh, what a heartache, but I forgive the things you said to me.

                E7   A
     'Cause I believe forgiving is the only way that I'll find peace of mind.

       B7   E
     And for - giving you is easy, but forgetting seems to take the longest time.

Guitar Solo *Repeat Intro*

Verse 3
     E
     The years have passed so quickly,

           E7   A
     As once again fate steals a young man's dreams

       B7   E
     Of all the gold - en years and growing old together, you and me.

               E7   A
     You ask me to forgive you, you said there was an - other on your mind.

       B7   E
     And for - giving you is easy, but forgetting seems to take the longest time.

       B7   E
     For - giving you is easy, but forgetting seems to take the longest time.

Funny How Time Slips Away

Words and Music by
Willie Nelson

Melody:

Well, hel - lo there,

D   G   D7   E7   A7

Intro | D | | |

Verse 1
    D   G   D
Well, hello there,   my, it's been a long, long ___ time.
                   G   D
"How am I doin'?"   Oh, I guess that I'm doin' ___ fine.
                         D7   G   E7
It's been so long now, and it seems now   that it was only yester - day.
    A7   D   G D A7
Gee, ain't it funny how time slips a - way.

Verse 2
    D   G   D
How's your new love?   I hope that he's doin' ___ fine.
                   G   D
I heard you told him that you'd ___ love him 'till the end of time.
                       D7
Now, that's the same thing that you told me
G   E7
It seems like just the other day.
    A7   D   G D A7
Gee, ain't it funny how time slips a - way.

Verse 3
    D   G   D
I gotta go now,   I guess I'll see you around.
                   G   D
I don't know when though,   never know when I'll be back ___ in town.
                   D7   G   E7
But remember what I tell you,   that in time you're gonna pay
    A7   D   G   D
And it's sur - prisin' how time slips a - way.

Hello Walls

Words and Music by
Willie Nelson

Melody:

Hel-lo walls, _   how'd things ____

C   G7   F   D7   G   C7   Dm7

Intro
| C | G7 | C   F | C   G7 N.C. |

Verse 1

        C   F   C
Hello walls, how'd things go for you to - day?
                          D7   G
Don't you miss her since she ____ up and walked away?
       F   C   C7
And I'll bet you dread to spend another lonely night with me.
F   G   C F C G7
Lonely walls, I'll keep you compa - ny.

Verse 2

N.C.   C   F   C
    Hello window,   well, I see that you're still here.
                     D7   G
Aren't you lonely since our ____ darlin' dis - appeared?
        F   C   C7
Well, look here, is that a teardrop in the corner of your pane?
F   G   C F C
Don't you try to tell me that it's rain.

Bridge

               G   C
She went a - way and left us all a - lone the way she planned.
       D7   Dm7   G7
Guess ____we'll have to learn to get along with - out her if we can.

Verse 3

        C   F   C
Hello ceiling, I'm gonna stare at you for a while.
                     D7   G
You know I can't sleep, so won't you bear with me a while?
       F   C   C7
We must all stick together or else I'll lose my mind.
       F   G   C   F C
I've got a feelin' she'll be gone a long, long ____ time.

Georgia on My Mind

Words by Stuart Gorrell
Music by Hoagy Carmichael

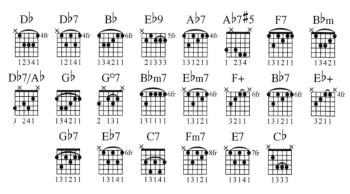

Intro |Db Db7 Bb |Eb9 Ab7 |Db | Ab7#5 |

Verse 1
    Db   **F7**
    Georgia,   Georgia,

    Bbm Db7/Ab   **Gb**   **G°7**
        The whole day through

         Db   **Bbm7**
Just an old sweet song

    Ebm7   **Ab7**   **F+ Bb7 Eb+ Ab7**
    Keeps Geor - gia on my mind.

Verse 2
    Db   **F7**
    Georgia,   Georgia,

    Bbm Db7/Ab   **Gb** **G°7**
        A song of you

         Db   **Bbm7**
Comes as sweet and clear

    Ebm7   **Ab7**   **Db Gb7 Db F7**
    As moonlight   through the pines.

Bridge

B♭m7 E♭m7   B♭m7   G♭7
Other arms reach ____ out to me,

B♭m7 E♭m7 B♭m7   E♭7
Other eyes   smile tenderly.

B♭m7 E♭m7   D♭   C7
Still   in peaceful dreams I see

   Fm7   E7   E♭m7 A♭7
The road leads ____ back to you.

Verse 3

D♭   F7
Georgia,   Georgia,

B♭m D♭7/A♭   G♭   G°7
No peace I ____ find.

     D♭   B♭7
Just an old sweet song

E♭m7   A♭7   D♭ G♭7 D♭ A♭7♯5
Keeps Geor - gia on my mind.

Harmonica Solo   *Repeat Verse 1 (Instrumental)*

Verse 4

D♭   F7
Georgia,   Georgia,

B♭m D♭7/A♭   G♭   G°7
No peace I ____ find.

     D♭   B♭7
Just as old sweet song

E♭m7   A♭7   F+ B♭7
Keeps Georgia   on my mind.

     E♭m7   A♭7
Just an old sweet song keeps Georgia

N.C.   D♭   C♭ G♭7
On my mind.

      D♭   C♭ G♭7
‖: On my mind.   :‖ *Repeat and fade*

A Good Hearted Woman

Words and Music by
Willie Nelson and Waylon Jennings

Melody:

A long time for-got - ten

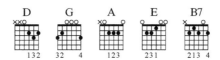

Intro |D | | | |

Verse 1

      D   **G**
A long time forgotten the dreams that just fell by the way.

   A   **D**
The good life he promised ain't what she's livin' to - day.

But she never complains of the bad times

                 G
Or the bad things he's done, Lord.

       A
She just talks about the good times they've had

                     D
And all the good times to come.

Chorus 1

     D   **G**
She's a good hearted woman in love with a good timin' man.

     A   **D**
She loves him in spite of his ways she don't under - stand.

Through teardrops and laughter,

            G
They'll pass through this world hand-in-hand,

A   **D**
 A good hearted woman lovin' a good timin' man.

Verse 2

D   **G**
 He likes the bright lights, the nightlife and good timin' friends.

     A   **D**
And when the party's all over she'll welcome him back home a - gain.

Lord knows she don't understand him,

         G
But she does the best that she can.

     A   **D** **N.C.**
A, this, a, good hearted woman, lovin' her good timin' man.

Outro-Chorus

     E   **A**
‖: She's a good hearted woman in love with a good timin' man.

    B7   **E**
She loves me in spite of my wicked ways that she don't under - stand.

Through teardrops and laughter,

           A
They'll pass through this world hand-in-hand,

B7   **E**
 A good hearted woman lovin' a good timin' man. :‖ *Repeat*
                       and fade

Half a Man

Words and Music by
Willie Nelson

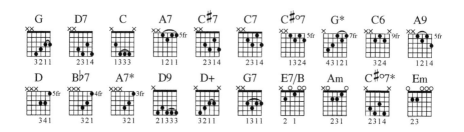

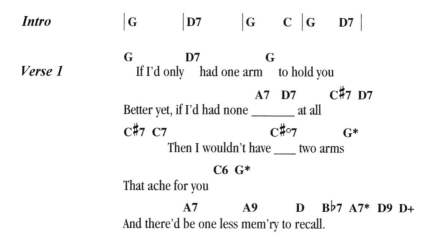

Intro

| G | | D7 | | G | C | G | D7 | |

Verse 1

G   D7   G
If I'd only had one arm to hold you

              A7 D7   C#7 D7
Better yet, if I'd had none _____ at all

C#7 C7   C#°7   G*
    Then I wouldn't have ____ two arms

       C6 G*
That ache for you

     A7   A9   D B♭7 A7* D9 D+
And there'd be one less mem'ry to recall.

Verse 2

```
     G          D7           G
   If I'd only   had one ear    to listen
            G7            C        E7/B   Am
   To the lies    that you told ___ to me
   C              C#°7*  G          Em
    Then I'd more closely ___ resemble
   G            D7             G
    The half a man    that you've made of me.
```

Interlude

```
| G      | D7      | G        |          |          |
```

Verse 3

```
     G          D7           G
   If I'd only   had one leg    to stand on
                G7          C          E7/B   Am
   Then a much, a much truer picture     you'd see.
   C              C#°7*          G          Em
    For then I'd ___ more closely ___ resemble
   G            D7               G    C  G  D7  G
    The half a man    that you've made of me.
```

Healing Hands of Time

Words and Music by
Willie Nelson

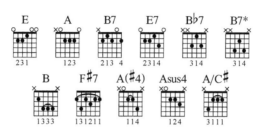

Verse 1

    E
They're working while I'm missing you,

A
Those healing hands of time.

B7
Soon they'll be dismissing you

A   **E**
From this heart of mine.

                       E7
They'll lead me safely through the night,

A
And I'll follow as though blind.

               E
My future tightly ____ clutched within

B7   **E**
Those healing hands of time.

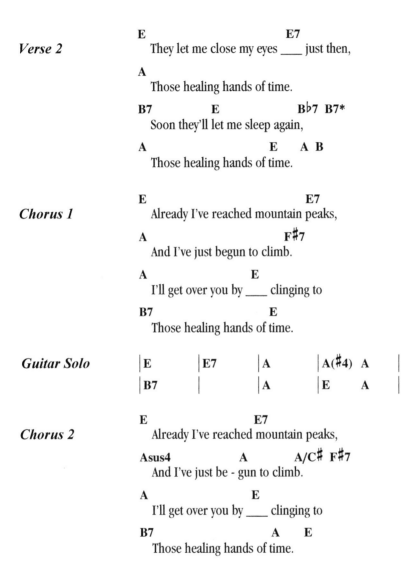

Verse 2

E   E7
They let me close my eyes ___ just then,

A
Those healing hands of time.

B7   E   B♭7 B7*
Soon they'll let me sleep again,

A   E   A B
Those healing hands of time.

Chorus 1

E   E7
Already I've reached mountain peaks,

A   F♯7
And I've just begun to climb.

A   E
I'll get over you by ___ clinging to

B7   E
Those healing hands of time.

Guitar Solo

| E | E7 | A | A(♯4) A | |
| B7 | | A | E   A | |

Chorus 2

E   E7
Already I've reached mountain peaks,

Asus4   A   A/C♯ F♯7
And I've just be - gun to climb.

A   E
I'll get over you by ___ clinging to

B7   A   E
Those healing hands of time.

Help Me Make It Through the Night

Words and Music by
Kris Kristofferson

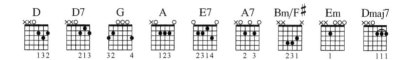

Take the rib-bon from your hair.

D	D7	G	A	E7	A7	Bm/F#	Em	Dmaj7

Verse 1

N.C.   **D**
Take the ribbon from your hair.

D7   **G**
   Shake it loose and let it fall.

                  A
Layin' soft against your skin,

                  D
Like the shadows on the wall.

Verse 2

D
   Come and lay down by my side

D7   **G**
   Till the early mornin' light.

                  A
All I'm takin' is your time.

               D   **G**
Help me make it through the night.

Bridge 1

D7   G
Well, I don't care who's right or wrong

                        D
And I don't try to understand.

                     E7
Let the devil take tomorrow

                A7
'Cause tonight I need ___ a friend.

Verse 3

N.C.   D
Yesterday is dead and gone,

D7   G
And tomorrow's outta sight.

              A
And it's sad to be alone.

                    D
Help me make it through the night.

Guitar Solo   *Repeat Verse 1 & 2 (Instrumental)*

Bridge 2   *Repeat Bridge 1*

Verse 4

N.C.   D
Yesterday is dead and gone,

D7   G
And tomorrow's outta sight.

              A
And it's sad to be alone.

                  D G
Help me make it through the night.

D   A
Well, I don't wanna be alone.

N.C.   G Bm/F♯ Em Dmaj7 D
Help me make it through the night.

The Highwayman

Words and Music by
Jimmy Webb

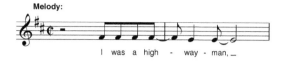

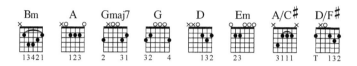

Bm	A	Gmaj7	G	D	Em	A/C#	D/F#

Intro   ‖: Bm | | | :‖

Verse 1

                           Bm   **A**
Willie Nelson: I was a high - wayman,

                   Gmaj7   **Bm**
Along the coach ____ roads I did ride

A   **G**   **D**   **A**
   With sword and pistol by ____ my side.

Em   **Bm**   **A**   **Gmaj7**
   Many a young ____ maid lost her baubles to my trade.

Em   **Bm**   **A**   **Gmaj7**
   Many a sol - dier shed his life - blood on my blade.

Bm   **A**   **G**   **A**   **D**
   The bastards hung ____ me in the spring ____ of twenty-five

   G   **A**
But I am still alive.

Verse 2

<pre>
                    Bm   A   Gmaj7   Bm
</pre>
Kris Kristofferson: I was a sailor, I was born upon the tide.

<pre>
A   G   D   A
</pre>
With the sea ___ I did abide.

<pre>
Em   Bm   A   Gmaj7
</pre>
I sailed a schooner 'round the Horn of Mexico.

<pre>
Em   Bm   A   Gmaj7
</pre>
I went aloft ___ and furled the mainsail in a blow.

<pre>
Bm   A   G   A   D
</pre>
And when the yards ___ broke off, they said that I ___ got killed

<pre>
  G   A
</pre>
But I am living still.

Verse 3

<pre>
                  Bm   A
</pre>
Waylon Jennings: I was a dam ___ builder

<pre>
       Gmaj7   Bm
</pre>
Across the river, deep and wide,

<pre>
A   G   D   A
</pre>
Where steel and water did ___ col - lide.

<pre>
Em   Bm   A   Gmaj7
</pre>
A place called Boulder, on the wild Colora - do,

<pre>
Em   Bm   A   Gmaj7
</pre>
I slipped and fell into the wet ___ concrete below.

<pre>
Bm   A   G
</pre>
They buried me ___ in that gray tomb

<pre>
              A   D   G   A
</pre>
That knows ___ no ___ sound but I am still around.

<pre>
                 D   A/C#   Bm
</pre>
I'll always be a - round, and a - round, and a - round,

<pre>
          A   G   D/F#   Em G A D
</pre>
And a - round, and a - round, and a - round.

Verse 4

                Bm   **A**   **Gmaj7**   **Bm**
Johnny Cash: I fly a starship across the u - niverse divide.

A   **G**   **D** **A**
And when I reach ___ the oth - er side,

Em   **Bm**   **A**   **Gmaj7**
I'll find a place ___ to rest my spirit, if I can.

Em   **Bm**   **A**   **Gmaj7**
Perhaps I may ___ become a high - wayman again.

Bm   **A**   **G**   **A**   **D**
Or I may simp - ly be a single drop ___ of rain,

G   **A**
But I will remain.

                       D   **A/C#**   **Bm**
And I'll be back again, ___ and a - gain, and a - gain,

           A   **G**   **D/F#** **Em** **G A D**
And a - gain, and a - gain, and a - gain.

Shotgun Willie

Words and Music by
Willie Nelson

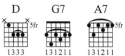

Intro ‖: D | :‖ *Play 3 times*

Chorus 1

D
Shotgun Willie sits around in his underwear,

G7   D
Bit - in' on a bullet and pullin' out all of his hair.

A7   D
Shotgun Willie's got all his family there.

Verse 1

D
Well, you can't make a record if you ain't got nothin' to say.

G7   D
You can't make a record if you ain't got nothing to say.

A7   D
You can't play music if you don't know nothin' to play.

Guitar Solo *Repeat Chorus 1*

Verse 2

D
Now, John T. Floores was a working for the Ku Klux Klan.

G7   D
The six foot-five John T. was a hell of a man.

A7   D
Made ____ a lot of money selling sheets on the family plan.

Chorus 2 *Repeat Chorus 1*

Outro-Guitar Solo ‖: D | | | :‖ *Repeat and fade*

I Still Can't Believe You're Gone

Words and Music by
Willie Nelson

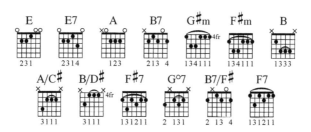

Intro |E | | |

Verse 1

         E   E7   A
This is the very first day ____ since you left ____ me

      E   B7
That I've tried to put my thoughts in a song.

E   E7   A G♯m F♯m
And all I can hear ____ myself say - in'

    E   B7   E   A E B A/C♯
Is I still can't believe ____ you're gone.

Verse 2

      E   E7   A
I still can't believe ____ that you'd leave ____ me.

E   B7
What did I do that was so wrong?

E   E7   A
There's just too ____ many unanswered questions,

E   B7   E   A E B/D♯ A/C♯
And I still can't be - lieve you're gone.

Chorus 1

B7
But you're gone, and I'm alone,

      E   A E
And I'm still livin'.

   F#7   B   G°7 B7/F# F7
I don't like it but I'll take it till I'm strong.

E   E7   A
  All I can hear ____ myself ____ sayin',

            E   B7   E   A E B7
Baby, is I still ____ can't be - lieve you're gone.

Guitar Solo

E	E7	A		
E		B7 A	G#m F#m	
E	E7	A		
E	B7	E A	E B/D# A/C#	

Chorus 2

B7
You're gone, and I'm alone,

      E   A E
And I'm still livin'.

   F#7   B   G°7 B7/F# F7
I don't like it but I'll take it till I'm strong.

E   E7   A
  All I can hear ____ myself say - in'

        E   B7   E   A E B7
Is I still ____ can't believe ____ you're gone.

        E   B7   A   G#m F#m E
And I still can't believe ____ you're gone.

I'm a Memory

Words and Music by
Willie Nelson

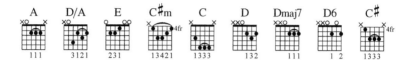

A	D/A	E	C#m	C	D	Dmaj7	D6	C#
1 1 1	3 1 2 1	2 3 1	1 3 4 2 1	1 3 3 3	1 3 2	1 1 1	1 2	1 3 3 3

Intro | A | D/A | E | | |

Verse 1
            A   **C#m**   **C**
I'm a game that you used to play.

    A   **D**   **Dmaj7** **D6** **D/A**
I'm a plan that you didn't lay so well.

       A   **C#**   **D**   **E**
I'm a fire that burns in your mind.

    A   **D**   **E**
Close your eyes, I'm a mem'ry.

Verse 2

      A   C#m   C
I'm a love that you bought for a song.

A   D   Dmaj7   D6
I'm a voice on a green tele - phone.

D/A   A   C#   D   E
I'm a day that lasted so long.

A   D   E
Close your eyes, I'm a mem'ry.

Guitar Solo   *Repeat Repeat Verse 1 (Instrumental)*

Verse 3

A   C#m   C
I'm a dream ___ that comes with the night.

A   D   Dmaj7   D6
I'm a face that fades with the light.

D/A   A   C#   D E
I'm a tear that falls out of sight.

A   D   E
Close your eyes, I'm a mem'ry.

Outro   ‖: A |C#m |C |E   :‖ *Repeat and fade*

If You've Got the Money (I've Got the Time)

Words and Music by
Lefty Frizzell and Jim Beck

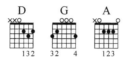

Chorus 1

      D
If you've got the money, honey, I've got the time.

                                 G
We'll go honky-tonkin' and we'll have a time.

     A
We'll ____ have more fun baby, all the way down the line.

                                   D
If you've got the money, honey, I've got the time.

Verse 1

      D
There ain't no need to tarry, let's start out tonight.

                                 G
We'll have fun, oh boy, oh boy, and we'll do it right.

     A
Bring ____ along your Cadillac, leave my old wreck behind.

                                 D
If you've got the money, honey, I've got the time.

Piano Solo	*Repeat Chorus 1 (Instrumental)*
Harmonica Solo	*Repeat Verse 1 (Instrumental)*

Verse 2

D
We'll go honky-tonkin', make ev'ry spot in town.

                                                             G
We'll go to the park where it's dark and we won't fool around.

A
If you run short of money then I'll run short of time.

                                   D
You got no more money, honey, I've no more time.

Chorus 2

D
If you've got the money, honey, I've got the time.

                              G
We'll go honky-tonkin' and we'll have a time.

    A
Bring ___ along your Cadillac, leave my old wreck behind.

If you've got the money, honey,

                 D G D G D G D A D
I've got the time.

It's Not Supposed to Be That Way

Words and Music by
Willie Nelson

It's not sup-posed   to be that

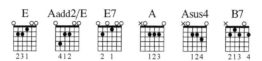

E   Aadd2/E   E7   A   Asus4   B7

Intro | E   Aadd2/E |

Chorus 1

   E7   A   Asus4
It's not supposed to be that way,

   A   E   Esus4
You're supposed to know that I love you.

   E   B7
But it don't matter anyway

                 E
If I can't be there to control you.

Verse 1

   E7   A   Asus4
And like the other little chil - dren,

   A   E Esus4
You're gonna dream a dream or two.

   E   B7
But be careful what you're dreamin',

                 E
Soon your dreams will be dreamin' you.

Chorus 2

E7   A   Asus4
It's not supposed to be that way,

A   E   Esus4
You're supposed to know that I love you.

E   B7
But it don't matter anyway

           E
If I can't be there to console you.

Verse 2

E7   A   Asus4
When you go out to play this eve - nin',

A   E Esus4
Play with fireflies till they're gone.

E   B7
And then rush to meet your lover,

           E
And play with real fire till the dawn.

Chorus 3

E7   A   Asus4
It's not supposed to be that way,

A   E   Esus4
You're supposed to know that I love you.

E   B7
But it don't matter anyway

           E   E7
If I can't be there to console you.

Outro

‖: A Asus4 | A | E Esus4 | E |
| B7 | | E | E7   :‖ *Repeat and fade*

Just to Satisfy You

Words and Music by
Don Bowman and Waylon Jennings

Melody:

Some - one's gon - na get hurt

(Capo 1st fret)

Intro |A | | | |

Verse 1
                                   A
Waylon Jennings: Someone's gonna get hurt

G   **A**
Before you're __ through.

                       G   **A**
Someone's gonna pay for the things you do.

D   **E**
How many hearts must break,

D   **A**
How many is it gonna take to satisfy you?

D   **A**
Just to satisfy you.

Bridge
B   **E**
Another love, another fool to play your game.

B   **E**
Another love, another fool they're all the same.

Verse 2

>   A   G   A
> *Willie Nelson:* Someone's gonna get hurt before your ___ through.
>
>   G   A
> Someone's gonna pay for the things you do.
>
>   D   E
> You're gonna find when it's too late
>
>   D   A
> A heart that just won't break just to satisfy you,
>
>   D   A
>   Just to satisfy ___ you.

Guitar Solo   ‖: A |G |A | :‖

Verse 3

>   D   E
> *Both:* How many hearts must break?
>
> D   A
> How many will it take to satisfy you?
>
> D   A
>   Just to satisfy ___ you.
>
>   D   A
> Just to satisfy you.   Satisfy you.
>
>   D A
> Just to satisfy you.

Verse 4

>   A
> *Waylon Jennings:* Someone's gonna get hurt
>
> G   A
>   Before you're __ through.
>
>   G   A
> *Willie Nelson:* Someone's gonna pay for the things you ___ do.
>
>   D   E
> *Both:* You're gonna find when it's too late
>
>   D   A
> A heart that just won't break just to satisfy you,
>
>   D   A
>   Just to satisfy ___ you.

Outro   ‖: A |D |A | :‖ ***Play 4 times***

Last Thing I Needed First Thing This Morning

Words and Music by
Gary Nunn and Donna Farar

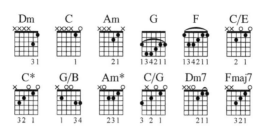

Verse 1

N.C.   Dm   C   Am
The post man delivered

G
A "past-due" bill notice.

F   C/E   G
The alarm clock rang two hours late.

C*   G
The garbage man left all the trash on the sidewalk,

F   C/E   G
And the hinges fell off of the gate.

F   C/E   F   C/E
And this morning at break - fast   I spilled all the cof - fee

C*   G/B   Am*
And I opened the door ___ on my knee.

Chorus 1

G   F   C*   Am*
The last thing I needed the first thing this morn - in'

       G   C*
Was to have you walk out on me.

Interlude

| F | | C* | Am* | |
| G | | C* | G | |

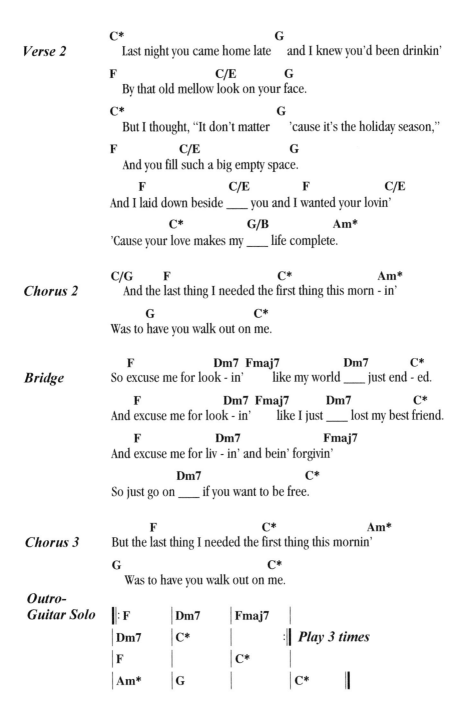

Verse 2

C*   G
Last night you came home late   and I knew you'd been drinkin'

F   C/E   G
By that old mellow look on your face.

C*   G
But I thought, "It don't matter   'cause it's the holiday season,"

F   C/E   G
And you fill such a big empty space.

    F   C/E   F   C/E
And I laid down beside ___ you and I wanted your lovin'

             C*   G/B   Am*
'Cause your love makes my ___ life complete.

Chorus 2

C/G   F   C*   Am*
And the last thing I needed the first thing this morn - in'

  G   C*
Was to have you walk out on me.

Bridge

    F   Dm7 Fmaj7   Dm7   C*
So excuse me for look - in'   like my world ___ just end - ed.

    F   Dm7 Fmaj7   Dm7   C*
And excuse me for look - in'   like I just ___ lost my best friend.

    F   Dm7   Fmaj7
And excuse me for liv - in' and bein' forgivin'

        Dm7   C*
So just go on ___ if you want to be free.

Chorus 3

    F   C*   Am*
But the last thing I needed the first thing this mornin'

G   C*
Was to have you walk out on me.

Outro-
Guitar Solo

‖: F | Dm7 | Fmaj7 |
| Dm7 | C* | :‖ *Play 3 times*
| F | | C* |
| Am* | G | | C*   ‖

Living in the Promiseland

Words and Music by
David Lynn Jones

Give us your tired __ and weak, __

Cadd9   G   C   D   D7   G7

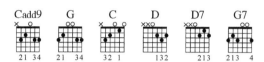

Intro | Cadd9 | G | Cadd9 | G |

Verse 1
                         C   **G**
Give us your tired ____ and weak and we will make ____ them strong.
                     D   **G**
Bring us your for - eign songs and we will sing ____ along.
                         C   **G**
Leave us your brok - en dreams we'll give them time ____ to mend.
                     D   **D7**   **G**
There's still a lot of love   livin' in the promiseland.

Chorus 1
                         Cadd9   **G**
Livin' in the prom - iseland our dreams are made of steel.
                    D7   **G**
The prayer of ev'ry man is to know how freedom ____ feels.
G7   **C**   **G**
There ____ is a winding road   'cross the shifting sands
                  D   **D7**   **G**
And room for ev'ryone   livin' in the promiseland.

Bridge

C
So we came from a distant isle

                                                        G
Nameless woman, faithless child like a bad ___ dream

C
Until there was no room at all

                                           D
And no place to run and no place to fall.

Verse 2

                 Cadd9   G
Give us your daily bread, we have no shoes to wear.

                  D   D7   G
No place to call ___ our own,   only this cross ___ to bear.

G7   C   G
We ___ are the multitudes, lend us a helpin' hand.

              D7   G
Is there no love anymore livin' in the promiseland?

Guitar Solo

|Cadd9 |G |D7 |G   G7 |
|Cadd9 |G |D7 |G   G7 |

Chorus 2

                 Cadd9   G
Livin' in the prom - iseland our dreams are made of steel.

             D7   G
The prayer of ev'ry man is to know how freedom ___ feels.

G7   C   G
There ___ is a winding road   'cross the shifting sands

D7   G
And room for ev'ryone livin' in the promiseland.

             D7   G   Cadd9 G
And room for ev'ryone livin' in the promiseland.

Mammas Don't Let Your Babies Grow Up To Be Cowboys

Words and Music by Ed Bruce
and Patsy Bruce

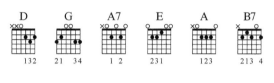

Intro

| D | | | | |

Verse 1

  D   **G**
Cowboys ain't easy to love and they're harder to hold.

A7   **D**
They'd rather give you a song than diamonds or gold.

Lone Star belt-buckles and old faded Levis

  G
And each night begins a new day.

      A7
If you don't understand him and he don't die young,

                 D
He'll probably just ride a-way.

Chorus 1

  D   **G**
Mammas don't let your babies grow up to be cowboys.

      A7
Don't let 'em pick guitars and drive them old trucks.

                      D
Let 'em be doctors and lawyers and such.

                      G
Mammas don't let your babies grow up to be cowboys,

         A7
'Cause they'll never stay home, and they're always alone,

           D
Even with someone they love.

Verse 2

    E   A
Cowboys like smoky ol' pool rooms and clear mountain mornings.

    B7   E
Little warm puppies, and children and girls of the night.

Them that don't know him won't like him,

            A
And them that do sometimes won't know how to take him.

       B7
He ain't wrong, he's just diff'rent

                                            E
But his pride won't let him do things to make you think he's right.

Chorus 2

    E   A
Mammas don't let your babies grow up to be cowboys.

    B7
Don't let 'em pick guitars and drive them old trucks.

                   E
Let 'em be doctors and lawyers and such.

                   A
Mammas don't let your babies grow up to be cowboys,

       B7
'Cause they'll never stay home, and they're always alone,

            E
Even with someone they love.

Chorus 3   ***Repeat Chorus 2 till fade***

Midnight Rider

Words and Music by
Gregg Allman and Robert Kim Payne

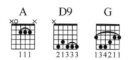

Intro | A | | |

Verse 1

      A
I gotta run to keep from hidin'.

I'm bound to keep on ridin'.

And I got one more silver dollar.

      D9
And I ain't gon' let 'em catch me, no,

G   **A**
I ain't gon' let 'em catch the midnight rider.

Harmonica Solo | A | | | |
| | | D9 | G |
| A | | |

	A

Verse 2   Well, these ain't my clothes I'm wearin'.

And this ol' road goes on forever.

And I got one more silver dollar.

D9
And I ain't gon' let 'em catch me, no,

G   **A**
I ain't gon' let 'em catch the midnight rider.

Guitar Solo   *Repeat Harmonica Solo*

                 A
Verse 3   Well, I've gone by the point of carin'.

Some old bed I'll soon be sharin'.

And I got one more silver dollar.

D9
And I ain't gon' let 'em catch me, no,

G   **A**
I ain't gon' let 'em catch the midnight rider.

                 D9
Outro   ‖: I ain't gon' let 'em catch me, no,

G   **A**
I ain't gon' let 'em catch the midnight rider. :‖ ***Repeat and fade***

My Heroes Have Always Been Cowboys

Words and Music by
Sharon Vaughn

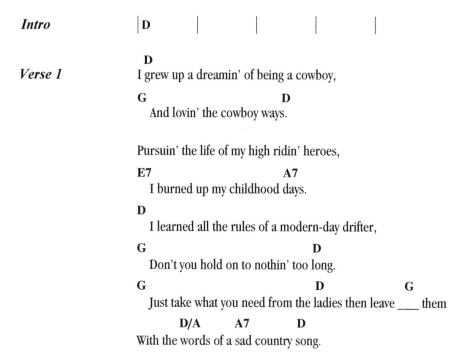

Intro | D | | | |

Verse 1

    D
I grew up a dreamin' of being a cowboy,

G   **D**
And lovin' the cowboy ways.

Pursuin' the life of my high ridin' heroes,

E7   **A7**
I burned up my childhood days.

D
I learned all the rules of a modern-day drifter,

G   **D**
Don't you hold on to nothin' too long.

G   **D**   **G**
Just take what you need from the ladies then leave ____ them

      D/A   **A7**   **D**
With the words of a sad country song.

Chorus 1

G   D
My heroes have always been cow - boys,

E7   A7
And they still are, it seems.

G   D   G
Sadly in search of   and one step in back ___ of

        D/A   A7   D
Them - selves and their slow-moving dreams.

Verse 2

D
Cowboys are special with their own brand of mis'ry

G   D
From bein' alone too long.

You could die from the cold in the arms of a nightmare,

        E7   A7
Knowin' ___ well that your best days are gone.

D
Pickin' up hookers instead of my pen

        G   D
I let the words of my youth fade a - way.

G   D   G
Old worn out saddles and old worn out mem - 'ries

        D/A   A7   D
But no one and no place to stay.

Chorus 2

G   D
My heroes have always been cow - boys,

E7   A7
And they still are, it seems.

G   D   G
Sadly in search of and one step in back ___ of

        D/A   A7   D
Them - selves and their slow-moving dreams.

G   D   G
Sadly in search of and one step in back ___ of

        D/A   A7   G   D
Them - selves and their slow-moving dreams.

Night Life

Words and Music by Willie Nelson,
Walt Breeland and Paul Buskirk

When _ the eve -nin' sun

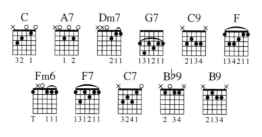

Intro

‖: C A7 | Dm7 G7 :‖

Verse 1

     C   **C9**
When the evenin' sun goes down,

   F   **Fm6**
You ___ will find me hangin' 'round.

Chorus 1

C   **A7** **Dm7**
 The night life ain't ___ a good life,

G7   **C** **A7 Dm7 G7**
 But it's my life.

Verse 2

     C   **C9**
Many people just like me

    F   **Fm6**
Dream - in' of old used to ___ be's.

Chorus 2

C   **A7** **Dm7**
 And the night life ain't ___ a good life,

G7   **C** **F7 C**
 But it's my life.

Bridge 1

C7
Listen to the blues they're playin'.

F7   **C7**   **G7**
Listen to what the blues are sayin'.

Verse 3

        C   **C9**
Mine ____ is just another scene

        F   **Fm6**
From ____ the world of broken dreams.

Chorus 3

C   **A7**   **Dm7**
And the night life ain't ____ a good life,

G7   **C**   **A7 Dm7 G7**
But it's my life.

Bridge 2   *Repeat Bridge 1*

Verse 4   *Repeat Verse 3*

Chorus 4

C   **A7**   **Dm7**
And the night life ain't ____ a good life,

G7   **C**   **F7 C B♭9 B9 C9**
But it's my life.

Nothing I Can Do About It Now

Words and Music by
Beth Nielsen Chapman

Melody:

I've got a long ____ list

Chords: G D7 C A7 F

Intro | G | | | | |
| | | | | |

Verse 1
              G   D7
I've got a long ____ list of real good reasons for all the things I've done.

I've got a picture in the back of my mind
                            G
Of what I've lost and what I've won.

                                                          D7
I've survived ev'ry situation knowin' when to freeze and when to run.

And regret is just a mem'ry written on my brow.
                                   G
And there's nothin' I can do about it now.

Verse 2
             G   D7
I've got a wild and a restless spirit, I got my price through ev'ry deal.

                                                          G
I've seen the fire of a woman scorned turn her heart of gold to steel.

                                                          D7
I've got the song of the voice inside me set to the rhythm of the wheel.

And I've been dreamin' like a child since the cradle broke the bough.
                                 G
And there's nothin' I can do about it now.

Bridge 1

C
Running through the changes, going through the stages,

                                          G
Coming 'round the corners in my life.

A7   F
Leaving doubt to fate,   stayin' out too late,

G   D7
Waitin' for the moon to say, "Good night."

Verse 3

                          G
And I could cry for the time I've wasted,

                                   D7
But that's a waste of time and tears.

And I know just what I'd change if I went back in time somehow.

                                      G
But there's nothing I can do about it now.

Piano Solo

G				
		D7		
G				

Bridge 2   *Repeat Bridge 1*

Verse 4

                          G
And I could cry for the time I've wasted,

                                   D7
But that's a waste of time and tears.

And I know just what I'd change if I went back in time somehow.

                                    G
But there's nothing I can do about it now.

              D7
I'm for - giving ev'rything that forgiveness will allow.

                                    G
And there's nothin' I can do about it now.

Outro   ‖: G | | | :‖ *Repeat and fade*

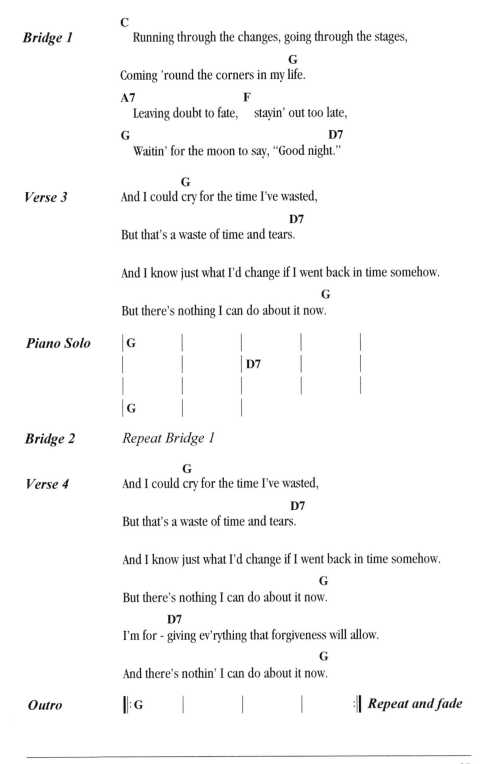

On the Road Again

Words and Music by
Willie Nelson

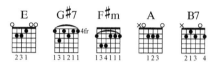

Intro ‖: E | | | :‖

Verse 1

     E   **G♯7**
On the road again, just can't wait to get on the road again.

       F♯m
The life I love is makin' music with my friends,

    A   **B7**   **E**
And I can't wait to get on the road again.

Verse 2

     E   **G♯7**
On the road again, goin' places that I've never been,

       F♯m
Seein' things that I may never see again,

    A   **B7**   **E**
And I can't wait to get on the road again.

	A E
Chorus 1	On the road again, like a band of gypsies, we go down the highway.

                          A   **E**

We're the best of friends, insisting that the world keep turning our way,

            B7   **N.C.**

And our way,

	E
Verse 3	Is on the road again.

                            G♯7

I just can't wait to get on the road again.

                 F♯m

The life I love is makin' music with my friends,

       A   **B7**   **E**

And I can't wait to get on the road again.

Guitar Solo	*Repeat Verses 1 & 2 (Instrumental)*
Chorus 2	*Repeat Chorus 1*
Verse 4	*Repeat Verse 3*

       A   **B7**   **E**

| *Outro* | And I can't wait to get on the road again. |

    | A | B7 | E   A | E   ‖

One in a Row

Words and Music by
Willie Nelson

(Capo 1st fret)

E/A   A   D   F#m   E   Bm   C#m   B7   E7sus4   G

Intro | E/A A | | E/A A |

Verse 1

  A N.C.   D   A   E/A A
If you can truthfully say

                   D   A   E/A A
That you've been true ___ just one ___ day

          F#m   E
Well, that makes one in a row,

  D   A   Bm   A   E/A A
One in a row, one in a row.

Verse 2

                 D   A   E/A A
And if you can look into my eyes

               D   A   E/A A
One time with - out telling lies,

          F#m   E
Well, that makes one in a row,

  D   A   Bm   A   D E A
Once in a row, one in a row.

Bridge 1

A C#m   F#m
Why ____ do I keep ____ lovin' you

B7   E7sus4   E
After all the things you do?

Verse 3

N.C.   D   A   E/A A
And just one time come into my arms

                D   A   E/A A
And be glad that you're in my arms.

           F#m   E
That will make one in a row,

D   A Bm   A   D E A
One in a row, one in a row.

Bridge 2

A   C#m   F#m
Why do ____ I keep ____ lovin' you

B7   E7sus4   E
After all the things you do?

Verse 4

N.C.   D   A   E/A A
And just one time come into my arms

           D   A   E/A A
And be glad that you're in my arms.

        F#m   E
That will make one in a row,

D   A Bm   A   E
One in a row, one in a row.

       A G   A   E/A A
One in a row.   One in a row.

Permanently Lonely

Words and Music by
Willie Nelson

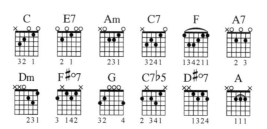

Verse 1

           C   E7 Am   C7
Don't be concerned ___ 'cause it's time I learned

F   A7   Dm
That those ___ who play ___ with fire get burned.

F   F#°7 C   A7
But I'll be al - right   in a little while

G   C   G
But you'll be permanently lonely.

Verse 2

C   E7 Am   C7
And don't be too quick ___ to pity me.

F   A7   Dm
Don't salve ___ my heart ___ with sympathy.

F   F#°7 C   A7
'Cause I'll be al - right   in a little while

G   C   C7 C7b5
But you'll be permanently lonely.

Bridge

F   A7   Dm
The world ____ looks on ___ with wonder

D#°7   C   C7 C7♭5
And pity at your kind

      F   A7
'Cause it knows that the future

Dm   F   E7
Is not very pret - ty for your kind,

  G   C
For your kind will always be lonely.

Verse 3

      E7   Am   C7
Wond - 'ring   what's happened to hearts

      F   A7   Dm
That you've broken   and left all ___ alone.

F   F#°7 C   Am
But we'll be al - right   in a little while

G   C
But you'll be permanently lonely.

G   A
Running, lonely.

Pretend I Never Happened

Words and Music by
Willie Nelson

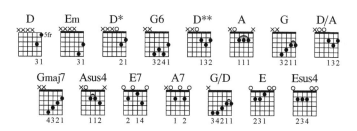

Intro

| D Em | D* | G6 D** |

Chorus 1

       A   G   D/A   D** Gmaj7 G D**
Pre - tend I never hap - pened,

                       A   Asus4   A
And erase me from your mind.

                     E7
You will not want to remember

               A   Asus4 A7
Any love as cold as mine.

Verse 1

                    G/D   D/A Gmaj7 G   D**
I'll be leavin' in the morn - in'

                   A   Asus4   A
For a place that I hope I find.

            E7
All the places must be better

               A   Asus4   A
Than the ones I leave be - hind.

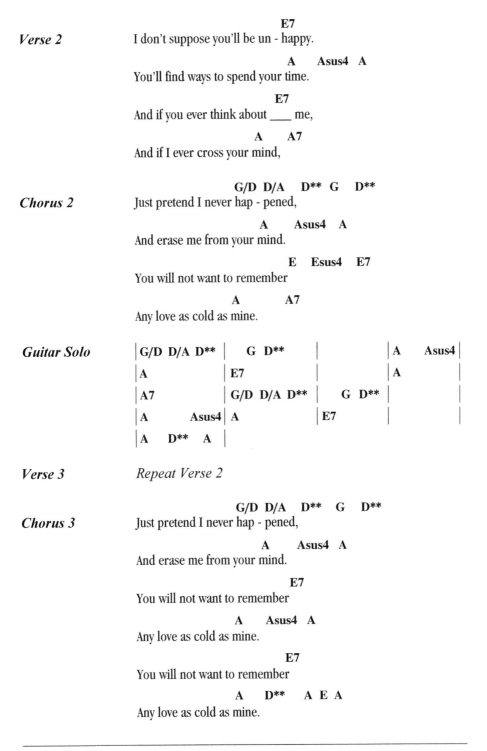

Verse 2

                      E7
I don't suppose you'll be un - happy.

                    A   Asus4 A
You'll find ways to spend your time.

                 E7
And if you ever think about ___ me,

              A   A7
And if I ever cross your mind,

Chorus 2

                  G/D D/A   D** G   D**
Just pretend I never hap - pened,

              A   Asus4 A
And erase me from your mind.

                 E   Esus4 E7
You will not want to remember

             A   A7
Any love as cold as mine.

Guitar Solo

G/D D/A D**	G D**		A Asus4
A	E7		A
A7	G/D D/A D**	G D**	
A Asus4	A	E7	
A D** A			

Verse 3

Repeat Verse 2

Chorus 3

                  G/D D/A   D**   G   D**
Just pretend I never hap - pened,

             A   Asus4 A
And erase me from your mind.

             E7
You will not want to remember

            A   Asus4 A
Any love as cold as mine.

             E7
You will not want to remember

           A   D**   A E A
Any love as cold as mine.

Pretty Paper

Words and Music by
Willie Nelson

Pret-ty pa-per, pret-ty rib-bons _____ of blue. __

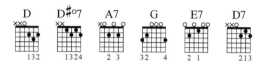

Chorus 1

     D   **D#°7**   **A7**
     Pretty paper, pretty ribbons of blue.

                D **A7**
     Wrap your presents to your darling from you.

      D   **G**
     Pretty pencils to write, "I love you."

      D   **A7**   **D** **A7**
     Pretty paper, pretty ribbons of blue.

Verse 1

       D   **A7**   **D** **A7**
     Crowded streets, busy feet, hustle by him.

       D **A7**   **D** **A7**
     Downtown shoppers, Christmas is nigh.

       D   **G**
     There he sits all alone on the sidewalk

   E7   **A7**
     Hoping you won't pass him by.

Verse 2

          D   N.C.   A7 N.C.   D   A7
Should you stop?   Better not,   Much too busy.

             D   A7   D   A7
You better hur - ry. My, how time does fly.

            D   D7   G
And in the dis - tance the ringing of laugh - ter

              D   A7   D   A7
And in the midst of the laugh - ter he cries.

Chorus 2

          D   D$\sharp$°7   A7
Pretty paper, pretty ribbons of blue.

                               D   A7
Wrap your presents to your darling from you.

          D   G
Pretty pencils to write, "I love you."

          D   A7   D
Pretty paper, pretty ribbons of blue.

          D   A7   G   D
Oh, pretty paper, pretty ribbons of blue.

Remember Me
(When the Candle Lights Are Gleaming)

Words and Music by
Scott Wiseman

You told me once that you were mine

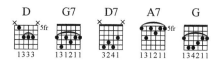

Verse 1

      D   **G7**   **D7**
You told me once that you were mine ___ alone for - ever

    A7   **D** **A7**
And I was yours till the end of eternity.

      D   **G7**
But all those vows are broken now

        D   **A7**   **D** **D7**
And I will nev - er be the same except ___ in memo - ry.

Chorus 1

      G7   **D**
Remember me ___ when the candle lights are gleam - ing.

     A7   **D**   **D7**
Remember me ___ at the close of a long, long ___ day.

         G   **D**
And it would be so ___ sweet when all alone I'm dreaming

         A7   **D** **G** **D**
Just to know you still ___ remember me.

Guitar Solo	|D	|G	|D	|	|
	|A7	|	|D	|A7	|
	|D	|G	|D	|	|
	|	|A7	|D	|D7	|

Piano Solo	|G	|	|D	|	|
	|A7	|	|D	|D7	|
	|G	|	|D	|A7	|
	|D	|A7	|D G	|D A7	|

Verse 2

      D   **G**   **D**
A brighter face may take my place ___ when we're apart, ___ dear,

    A7   **D** **A7**
Another love with a heart more bold and free.

      D   **G7**
But in the end ___ fair weathered friends

        D
May break your heart, ___ dear.

       A7   **D** **G** **D7**
If they do, sweetheart, ___ remember me.

Chorus 2

     G7   **D**
Remember me ___ when the candle lights are gleam - ing.

     A7   **D** **D7**
Remember me ___ at the close of a long, long ___ day.

      G   **D**
And it would be so ___ sweet when all alone I'm dreaming

      A7   **D** **G D**
Just to know you still ___ remember me.

      A7   **D**
Just to know you still ___ remember me.

Seven Spanish Angels

Words and Music by
Troy Seals and Eddie Setser

Melody:

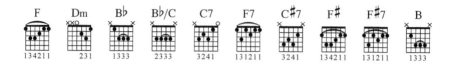

He looked down in-to ___ her brown eyes

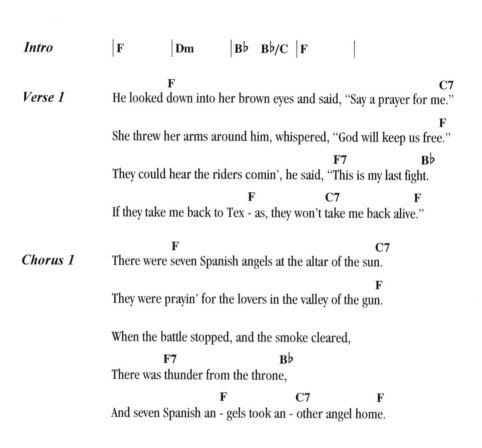

F	Dm	B♭	B♭/C	C7	F7	C#7	F#	F#7	B
134211	231	1333	2333	3241	131211	3241	134211	131211	1333

Intro |F |Dm |B♭ B♭/C |F |

                                 F   C7

Verse 1   He looked down into her brown eyes and said, "Say a prayer for me."

                                                                  F

    She threw her arms around him, whispered, "God will keep us free."

                                    F7   B♭

    They could hear the riders comin', he said, "This is my last fight.

                        F   C7   F

    If they take me back to Tex - as, they won't take me back alive."

                            F   C7

Chorus 1   There were seven Spanish angels at the altar of the sun.

                                                                  F

    They were prayin' for the lovers in the valley of the gun.

    When the battle stopped, and the smoke cleared,

                       F7   B♭

    There was thunder from the throne,

                       F   C7   F

    And seven Spanish an - gels took an - other angel home.

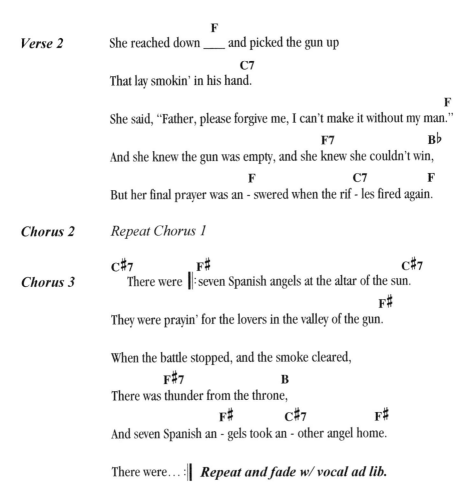

Verse 2
                           F
She reached down ___ and picked the gun up

                C7
That lay smokin' in his hand.

                                                    F
She said, "Father, please forgive me, I can't make it without my man."

                             F7   **B♭**
And she knew the gun was empty, and she knew she couldn't win,

                      F   **C7**   **F**
But her final prayer was an - swered when the rif - les fired again.

Chorus 2   *Repeat Chorus 1*

Chorus 3
C♯7   **F♯**   **C♯7**
There were ‖: seven Spanish angels at the altar of the sun.

                                F♯
They were prayin' for the lovers in the valley of the gun.

When the battle stopped, and the smoke cleared,

   F♯7   **B**
There was thunder from the throne,

            F♯   **C♯7**   **F♯**
And seven Spanish an - gels took an - other angel home.

There were… :‖ ***Repeat and fade w/ vocal ad lib.***

Touch Me

Words and Music by
Willie Nelson

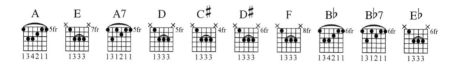

A   E   A7   D   C#   D#   F   Bb   Bb7   Eb

Intro | A | |

Verse 1

        A
    Touch me, touch the hand of the man

                 E
Who once owned all the world.

Touch me, touch the arms that once held all the charms

          A
Of the world's ___ sweetest girl.

                            A7
Touch me, maybe someday you may need to know

       D   **C# D D#**
How it feels when you lose.

      E
So ___ touch me, and you'll know

              A   **D A E**
How you'd feel with the blues.

Verse 2

A

Watch me, watch the eyes that have seen

E

All the heartbreak and pain ___ in the land.

And be thankful that you're happy

A

Though standin' so close to the world's bluest man.

Don't forget me, take a good look

                A7   **D**   **C♯ D D♯**

At someone who's lost ev'rything he can lose.

E

And ___ touch me, and you'll know

         A

How you'd feel with the blues.

Interlude | **E** | | **A** | **F** |

B♭

Outro   Don't forget me, take a good look

                  B♭7 E♭   **D E♭ E**

At someone who's lost ev'ry - thing he can lose.

     F

Then ___ touch me, and you'll know

        B♭   **E♭ B♭**

How you'd feel with the blues.

The Troublemaker

Words and Music by
Bruce Belland and David Somerville

Melody:

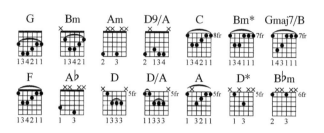

I could tell the mo-ment that I saw Him

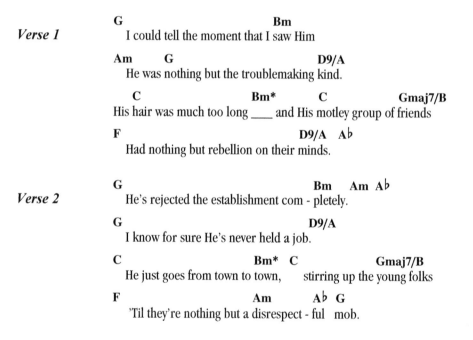

Verse 1

  G   **Bm**
 I could tell the moment that I saw Him

Am **G**   **D9/A**
 He was nothing but the troublemaking kind.

  C   **Bm***   **C**   **Gmaj7/B**
 His hair was much too long ___ and His motley group of friends

 F   **D9/A** **A♭**
 Had nothing but rebellion on their minds.

Verse 2

  G   **Bm** **Am A♭**
 He's rejected the establishment com - pletely.

 G   **D9/A**
 I know for sure He's never held a job.

 C   **Bm*** **C**   **Gmaj7/B**
 He just goes from town to town, stirring up the young folks

 F   **Am** **A♭ G**
 'Til they're nothing but a disrespect - ful mob.

Bridge

       D   **D/A**   **A**
I know for sure He's never joined the army

                                 D
And served His country like we all have done.

                           A
He'd rather wear His sandals and His flowers

                        D* **B♭m** **Am** **A♭**
While others wage the war that must be won.

Verse 3

       G   **Bm** **Am** **A♭**
They arrested Him last week and found Him guilty

G   **Bm**   **D9/A**
And sentenced Him to die ___ but that's no great loss.

C   **Bm***   **C**   **Gmaj7/B**
Friday they will take Him to a place called Calvary

F   **G**
And hang that troublemaker to a cross. Mm.

Uncloudy Day

Words and Music by
Willie Nelson

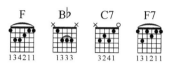

Oh, they   tell ___ me   of   a   home ___

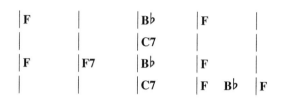

Intro

F		Bb	F	
		C7		
F	F7	Bb	F	
		C7	F Bb	F	

Verse 1

           F   Bb   F
Oh, they tell me of a home far be - yond the skies.

                                  C7
And they tell me of a home far a - way.

                   F   Bb   F
Oh, they tell ___ me of a home where no storm clouds rise.

                      C7   F Bb F
Oh, they tell me of an uncloudy day.

Chorus 1

F
Oh, the land of cloudless days.

                         C7
Oh, the land of an unclouded sky.

                   F   F7   Bb   F
Oh, they tell ___ me of a home where no storm clouds rise.

                      C7   F   Bb F
Oh, they tell me of an un - cloudy day.

Piano Solo

F		Bb	F	
		C7		
F	F7	Bb	F	
		C7	F Bb	F	

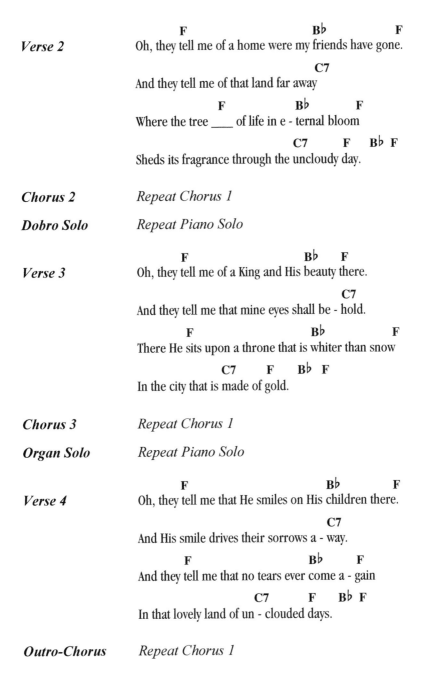

Verse 2

          F   Bb   F
Oh, they tell me of a home were my friends have gone.

                             C7
And they tell me of that land far away

            F   Bb   F
Where the tree ___ of life in e - ternal bloom

                       C7   F   Bb F
Sheds its fragrance through the uncloudy day.

Chorus 2   *Repeat Chorus 1*

Dobro Solo   *Repeat Piano Solo*

Verse 3

          F   Bb   F
Oh, they tell me of a King and His beauty there.

                            C7
And they tell me that mine eyes shall be - hold.

          F   Bb   F
There He sits upon a throne that is whiter than snow

                  C7   F   Bb F
In the city that is made of gold.

Chorus 3   *Repeat Chorus 1*

Organ Solo   *Repeat Piano Solo*

Verse 4

          F   Bb   F
Oh, they tell me that He smiles on His children there.

                           C7
And His smile drives their sorrows a - way.

          F   Bb   F
And they tell me that no tears ever come a - gain

                  C7   F Bb F
In that lovely land of un - clouded days.

Outro-Chorus   *Repeat Chorus 1*

Whiskey River

Words and Music by
J.B. Shinn III

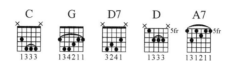

Whis-key   Riv-er,   take _ my   mind. _____

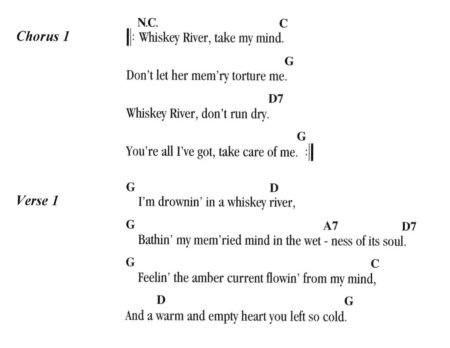

C	G	D7	D	A7
1 3 3 3	1 3 4 2 1 1	3 2 4 1	1 3 3 3	1 3 1 2 1 1

Chorus 1

        N.C.   C
‖: Whiskey River, take my mind.

                                    G
Don't let her mem'ry torture me.

                           D7
Whiskey River, don't run dry.

                               G
You're all I've got, take care of me. :‖

Verse 1

G   D
I'm drownin' in a whiskey river,

G   A7   D7
Bathin' my mem'ried mind in the wet - ness of its soul.

G   C
Feelin' the amber current flowin' from my mind,

               D   G
And a warm and empty heart you left so cold.

Chorus 2

N.C.   **C**
Whiskey River, take my mind.

                                       G
Don't let her mem'ry torture me.

                                D7
Whiskey River, don't run dry.

                                     G
You're all I've got, take care of me.

Guitar Solo

‖: C | | | |
| G | | | |
| D7 | | | |
| G | | | :‖ *Play 3 times*

Verse 2   *Repeat Verse 1*

Outro-Chorus   *Repeat Chorus 1*

To All the Girls I've Loved Before

Words by Hal David
Music by Albert Hammond

To all __ the girls __ I've __ loved be-fore,

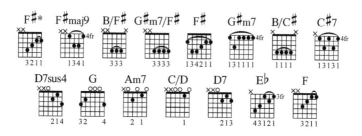

Intro | F#* F#maj9 | B/F#   F#* | G#m7/F# | F#* |

Verse 1

          F#
To all the girls I've loved before

          G#m7
Who traveled in and out my door

                  B/C# C#7
I'm glad they came along,

          B/C# C#7   F#
I dedicate this song to all the girls I've loved before.

Verse 2

          F#
To all the girls I once caressed,

          G#m7
And may I say, I've held the best,

          B/C#
For helping me to grow,

      C#7   B/C# C#7   F#
I owe a lot, I know, to all the girls I've ___ loved before.

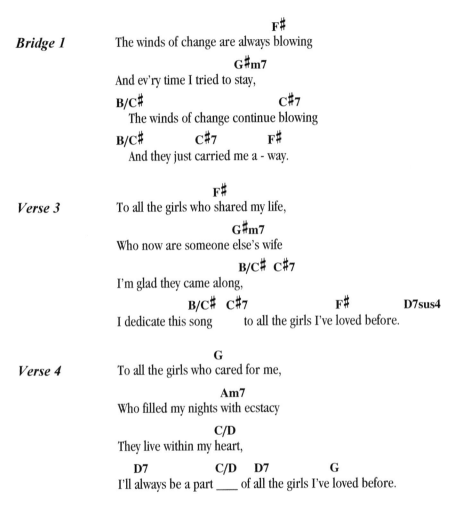

Bridge 1

                                 F♯
The winds of change are always blowing

                        G♯m7
And ev'ry time I tried to stay,

B/C♯   **C♯7**
The winds of change continue blowing

B/C♯   **C♯7**   **F♯**
And they just carried me a - way.

Verse 3

                   F♯
To all the girls who shared my life,

                   G♯m7
Who now are someone else's wife

                       B/C♯ C♯7
I'm glad they came along,

                  B/C♯ **C♯7**   **F♯**   **D7sus4**
I dedicate this song   to all the girls I've loved before.

Verse 4

                   G
To all the girls who cared for me,

                   Am7
Who filled my nights with ecstacy

                   C/D
They live within my heart,

    D7   **C/D**   **D7**   **G**
I'll always be a part ___ of all the girls I've loved before.

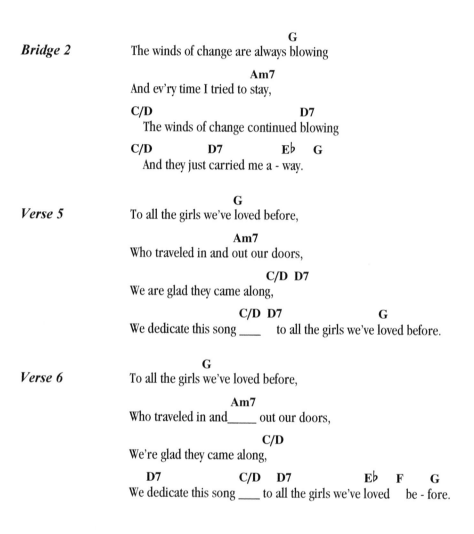

Bridge 2

|G|
The winds of change are always blowing

|Am7|
And ev'ry time I tried to stay,

|C/D| |D7|
  The winds of change continued blowing

|C/D| |D7| |E♭| |G|
  And they just carried me a - way.

Verse 5

|G|
To all the girls we've loved before,

|Am7|
Who traveled in and out our doors,

              |C/D| |D7|
We are glad they came along,

              |C/D| |D7| |G|
We dedicate this song ____   to all the girls we've loved before.

Verse 6

|G|
To all the girls we've loved before,

      |Am7|
Who traveled in and____ out our doors,

              |C/D|
We're glad they came along,

|D7| |C/D| |D7| |E♭| |F| |G|
We dedicate this song ____ to all the girls we've loved   be - fore.

Guitar Chord Songbooks

Each book includes complete lyrics, chord symbols, and guitar chord diagrams.

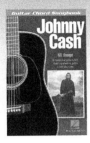   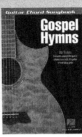 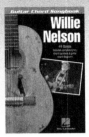

Acoustic Hits
More than 60 songs: Against the Wind • Name • One • Southern Cross • Take Me Home, Country Roads • Teardrops on My Guitar • Who'll Stop the Rain • Ziggy Stardust • and more.
00701787 ....$14.99

Acoustic Rock
80 acoustic favorites: Blackbird • Blowin' in the Wind • Layla • Maggie May • Me and Julio down by the Schoolyard • Pink Houses • and more.
00699540..................................$21.99

Alabama
50 of Alabama's best: Angels Among Us • The Closer You Get • If You're Gonna Play in Texas (You Gotta Have a Fiddle in the Band) • Mountain Music • When We Make Love • and more.
00699914..................................$14.95

The Beach Boys
59 favorites: California Girls • Don't Worry Baby • Fun, Fun, Fun • Good Vibrations • Help Me Rhonda • Wouldn't It Be Nice • dozens more!
00699566..................................$19.99

The Beatles
100 more Beatles hits: Lady Madonna • Let It Be • Ob-La-Di, Ob-La-Da • Paperback Writer • Revolution • Twist and Shout • When I'm Sixty-Four • and more.
00699562..................................$17.99

Bluegrass
Over 40 classics: Blue Moon of Kentucky • Foggy Mountain Top • High on a Mountain Top • Keep on the Sunny Side • Wabash Cannonball • The Wreck of the Old '97 • and more.
00702585..................................$14.99

Johnny Cash
58 Cash classics: A Boy Named Sue • Cry, Cry, Cry • Daddy Sang Bass • Folsom Prison Blues • I Walk the Line • RIng of Fire • Solitary Man • and more.
00699648..................................$17.99

Children's Songs
70 songs for kids: Alphabet Song • Bingo • The Candy Man • Eensy Weensy Spider • Puff the Magic Dragon • Twinkle, Twinkle Little Star • and more.
00699539..................................$16.99

Christmas Carols
80 Christmas carols: Angels We Have Heard on High • The Holly and the Ivy • I Saw Three Ships • Joy to the World • O Holy Night • and more.
00699536..................................$12.99

Christmas Songs
80 songs: All I Want for Christmas Is My Two Front Teeth • Baby, It's Cold Outside • Jingle Bell Rock • Mistletoe and Holly • Sleigh Ride • and more.
00119911..................................$14.99

Eric Clapton
75 of Slowhand's finest: I Shot the Sheriff • Knockin' on Heaven's Door • Layla • Strange Brew • Tears in Heaven • Wonderful Tonight • and more.
00699567 ....$19.99

Classic Rock
80 rock essentials: Beast of Burden • Cat Scratch Fever • Hot Blooded • Money • Rhiannon • Sweet Emotion • Walk on the Wild Side • and more.
00699598 ....$18.99

Coffeehouse Hits
57 singer-songwriter hits: Don't Know Why • Hallelujah • Meet Virginia • Steal My Kisses • Torn • Wonderwall • You Learn • and more.
00703318 ....$14.99

Country
80 country standards: Boot Scootin' Boogie • Crazy • Hey, Good Lookin' • Sixteen Tons • Through the Years • Your Cheatin' Heart • and more.
00699534 ....$17.99

Country Favorites
Over 60 songs: Achy Breaky Heart (Don't Tell My Heart) • Brand New Man • Gone Country • The Long Black Veil • Make the World Go Away • and more.
00700609 ....$14.99

Country Hits
40 classics: As Good As I Once Was • Before He Cheats • Cruise • Follow Your Arrow • God Gave Me You • The House That Built Me • Just a Kiss • Making Memories of Us • Need You Now • Your Man • and more.
00140859 ....$14.99

Country Standards
60 songs: By the Time I Get to Phoenix • El Paso • The Gambler • I Fall to Pieces • Jolene • King of the Road • Put Your Hand in the Hand • A Rainy Night in Georgia • and more.
00700608 ....$12.95

Cowboy Songs
Over 60 tunes: Back in the Saddle Again • Happy Trails • Home on the Range • Streets of Laredo • The Yellow Rose of Texas • and more.
00699636 ....$19.99

Creedence Clearwater Revival
34 CCR classics: Bad Moon Rising • Born on the Bayou • Down on the Corner • Fortunate Son • Up Around the Bend • and more.
00701786 ....$16.99

Jim Croce
37 tunes: Bad, Bad Leroy Brown • I Got a Name • I'll Have to Say I Love You in a Song • Operator (That's Not the Way It Feels) • Photographs and Memories • Time in a Bottle • You Don't Mess Around with Jim • and many more.
00148087 ....$14.99

Complete contents listings available online at www.halleonard.com

Crosby, Stills & Nash
37 hits: Chicago • Dark Star • Deja Vu • Marrakesh Express • Our House • Southern Cross • Suite: Judy Blue Eyes • Teach Your Children • and more.
00701609................................$16.99

John Denver
50 favorites: Annie's Song • Leaving on a Jet Plane • Rocky Mountain High • Take Me Home, Country Roads • Thank God I'm a Country Boy • and more.
02501697 ....$17.99

Neil Diamond
50 songs: America • Cherry, Cherry • Cracklin' Rosie • Forever in Blue Jeans • I Am...I Said • Love on the Rocks • Song Sung Blue • Sweet Caroline • and dozens more!
00700606 ....$19.99

Disney
56 super Disney songs: Be Our Guest • Friend like Me • Hakuna Matata • It's a Small World • Under the Sea • A Whole New World • Zip-A-Dee-Doo-Dah • and more.
00701071 ....$17.99

The Doors
60 classics from the Doors: Break on Through to the Other Side • Hello, I Love You (Won't You Tell Me Your Name?) • Light My Fire • Love Her Madly • Riders on the Storm • Touch Me • and more.
00699888 ....$17.99

Eagles
40 familiar songs: Already Gone • Best of My Love • Desperado • Hotel California • Life in the Fast Lane • Peaceful Easy Feeling • Witchy Woman • more.
00122917 ....$16.99

Early Rock
80 classics: All I Have to Do Is Dream • Big Girls Don't Cry • Fever • Itsy Bitsy Teenie Weenie Yellow Polkadot Bikini • Let's Twist Again • Lollipop • and more.
00699916 ....$14.99

Folk Pop Rock
80 songs: American Pie • Dust in the Wind • Me and Bobby McGee • Somebody to Love • Time in a Bottle • and more.
00699651 ....$17.99

Folksongs
80 folk favorites: Aura Lee • Camptown Races • Danny Boy • Man of Constant Sorrow • Nobody Knows the Trouble I've Seen • and more.
00699541 ....$14.99

40 Easy Strumming Songs
Features 40 songs: Cat's in the Cradle • Daughter • Hey, Soul Sister • Homeward Bound • Take It Easy • Wild Horses • and more.
00115972 ....$16.99

Four Chord Songs
40 hit songs: Blowin' in the Wind • I Saw Her Standing There • Should I Stay or Should I Go • Stand by Me • Turn the Page • Wonderful Tonight • and more.
00701611 ....$14.99

Glee
50+ hits: Bad Romance • Beautiful • Dancing with Myself • Don't Stop Believin' • Imagine • Rehab • Teenage Dream • True Colors • and dozens more.
00702501 ....$14.99

Gospel Hymns
80 hymns: Amazing Grace • Give Me That Old Time Religion • I Love to Tell the Story • Shall We Gather at the River? • Wondrous Love • and more.
00700463 ....$14.99

Grand Ole Opry®
80 great songs: Abilene • Act Naturally • Country Boy • Crazy • Friends in Low Places • He Stopped Loving Her Today • Wings of a Dove • dozens more!
00699885 ....$16.95

Grateful Dead
30 favorites: Casey Jones • Friend of the Devil • High Time • Ramble on Rose • Ripple • Rosemary • Sugar Magnolia • Truckin' • Uncle John's Band • more.
00139461 ....$14.99

Green Day
34 faves: American Idiot • Basket Case • Boulevard of Broken Dreams • Good Riddance (Time of Your Life) • 21 Guns • Wake Me Up When September Ends • When I Come Around • and more.
00103074 ....$14.99

Irish Songs
45 Irish favorites: Danny Boy • Girl I Left Behind Me • Harrigan • I'll Tell Me Ma • The Irish Rover • My Wild Irish Rose • When Irish Eyes Are Smiling • and more!
00701044 ....$14.99

Michael Jackson
27 songs: Bad • Beat It • Billie Jean • Black or White (Rap Version) • Don't Stop 'Til You Get Enough • The Girl Is Mine • Man in the Mirror • Rock with You • Smooth Criminal • Thriller • more.
00137847 ....$14.99

Billy Joel
60 Billy Joel favorites: • It's Still Rock and Roll to Me • The Longest Time • Piano Man • She's Always a Woman • Uptown Girl • We Didn't Start the Fire • You May Be Right • and more.
00699632 ....$19.99

Elton John
60 songs: Bennie and the Jets • Candle in the Wind • Crocodile Rock • Goodbye Yellow Brick Road • Sad Songs Say So Much • Tiny Dancer • Your Song • more.
00699732 ....$15.99

Ray LaMontagne
20 songs: Empty • Gossip in the Grain • Hold You in My Arms • I Still Care for You • Jolene • Trouble • You Are the Best Thing • and more.
00130337................................$12.99

Latin Songs
60 favorites: Bésame Mucho (Kiss Me Much) • The Girl from Ipanema (Garôta De Ipanema) • The Look of Love • So Nice (Summer Samba) • and more.
00700973 ....$14.99

Love Songs
65 romantic ditties: Baby, I'm-A Want You • Fields of Gold • Here, There and Everywhere • Let's Stay Together • Never My Love • The Way We Were • more!
00701043................................$14.99

Bob Marley
36 songs: Buffalo Soldier • Get up Stand Up • I Shot the Sheriff • Is This Love • No Woman No Cry • One Love • Redemption Song • and more.
00701704................................$17.99

Bruno Mars
15 hits: Count on Me • Grenade • If I Knew • Just the Way You Are • The Lazy Song • Locked Out of Heaven • Marry You • Treasure • When I Was Your Man • and more.
00125332 ....$12.99

Paul McCartney
60 from Sir Paul: Band on the Run • Jet • Let 'Em In • Maybe I'm Amazed • No More Lonely Nights • Say Say Say • Take It Away • With a Little Luck • and more!
00385035 ....$16.95

Steve Miller
33 hits: Dance Dance Dance • Jet Airliner • The Joker • Jungle Love • Rock'n Me • Serenade from the Stars • Swingtown • Take the Money and Run • and more.
00701146................................$12.99

Modern Worship
80 modern worship favorites: All Because of Jesus • Amazed • Everlasting God • Happy Day • I Am Free • Jesus Messiah • and more.
00701801 ....$16.99

Motown
60 Motown masterpieces: ABC • Baby I Need Your Lovin' • I'll Be There • Stop! In the Name of Love • You Can't Hurry Love • and more.
00699734 ....$17.99

Willie Nelson
44 favorites: Always on My Mind • Beer for My Horses • Blue Skies • Georgia on My Mind • Help Me Make It Through the Night • On the Road Again • Whiskey River • and many more.
00148273 ....$17.99